CONSEJOS 10 ES

YOGA

Sivananda Yoga Vedanta Centre

GRUPO ZETA

Javier Vergara
Buenos Aires / Madrid / México / Quito
Santiago de Chile / Bogotá / Caracas / Montevideo

A DORLING KINDERSLEY BOOK

Traducción
Edith Zilli

Coordinadora de realización
Elsa Mateo

Composición
Taller del Sur

Título original: *Yoga*

Primera edición en Gran Bretaña en 1995
por Dorling Kindersley Limited,
9 Henrietta Street, Londres WC2E 8PS

© 1995, Dorling Kindersley Limited, Londres
© de la traducción: 1997, Javier Vergara Editor, s. a.

ESTA ES UNA COEDICION DE JAVIER VERGARA EDITOR, S. A. CON DORLING KINDERSLEY LTD.

Edición especial para América Latina, Estados Unidos y Canadá

ISBN 950-15-1777-2

Primera edición: 1998

Reproducido en Singapur por Colourscan

Impreso y encuadernado
en Italia por Graphicom

CONSEJOS ESENCIALES

PREPARACIÓN

1 ¿QUÉ ES EL YOGA?

La palabra "yoga" significa "unión". El yoga es una forma de ejercicio basada en la creencia de que el cuerpo y la respiración están íntimamente vinculados con la mente. Controlando la respiración y manteniendo el cuerpo en posturas sostenidas o "asanas", el yoga crea armonía.

La práctica del yoga tiene cinco elementos clave: ejercicio adecuado, relajación adecuada, dieta adecuada y pensamiento positivo y meditación. Los ejercicios o asanas han sido ideados para aliviar los músculos tensos, tonificar los órganos internos y mejorar la flexibilidad de articulaciones y ligamentos.

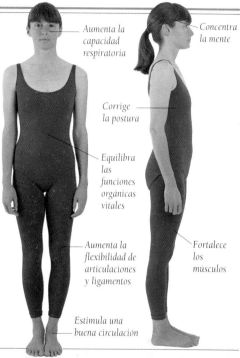

Aumenta la capacidad respiratoria

Concentra la mente

Corrige la postura

Equilibra las funciones orgánicas vitales

Aumenta la flexibilidad de articulaciones y ligamentos

Fortalece los músculos

Estimula una buena circulación

2 CONSULTE A SU MÉDICO

Tanto jóvenes como ancianos pueden practicar los asanas. Si bien nadie debería quedar excluido, si sufre de alguna dolencia o tiene alguna duda, debe consultar a su médico antes de iniciar un curso.

3 EJERCICIO ADECUADO: LOS ASANAS

El objetivo es mejorar la flexibilidad y la fuerza. Cada postura se ejecuta con lentitud y fluidez. Se evitan los movimientos bruscos, que producen una acumulación de ácido láctico, lo cual causa fatiga.

4 RESPIRACIÓN CORRECTA

La mayoría de las personas utilizan sólo una fracción de su capacidad respiratoria. La respiración correcta se concentra en técnicas de respiración nasal para liberar la energía y la vitalidad. Los ejercicios de respiración acentúan más la exhalación que la inhalación, para limpiar los pulmones del aire viciado y eliminar las toxinas del cuerpo.

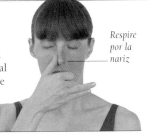

Respire por la nariz

5 RELAJACIÓN ADECUADA

Liberar tensiones mediante la relajación es vital para mantener el cuerpo saludable. Inicie y concluya cada sesión de asanas con relajación; relájese también entre posturas. Esto permite que la energía liberada fluya sin impedimentos.

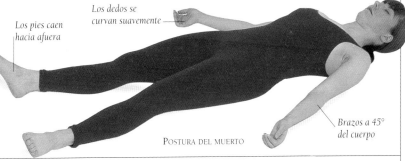

Los pies caen hacia afuera

Los dedos se curvan suavemente

Brazos a 45° del cuerpo

POSTURA DEL MUERTO

6 DIETA ADECUADA

Lo recomendado para un discípulo de yoga es una sencilla y sana dieta vegetariana, compuesta de alimentos naturales que se digieran con facilidad. Mantiene vital al cuerpo y saludable a la mente, serena y libre de pensamientos inquietos. En lo posible, se deben evitar los alimentos procesados y enlatados.

HORTALIZAS

FRUTAS

CEREALES   LEGUMBRES   LÁCTEOS

7 PENSAMIENTO POSITIVO Y MEDITACIÓN

La meditación es un estado de conciencia. Para practicarla es necesario aprender primero a serenar la mente y enfocar la energía mental hacia el interior. La meditación ayuda a aliviar el estrés y a reponer energías. Practicada diariamente, también permite pensar de modo más claro y positivo y estar en paz con uno mismo

Centrar la mente

Apoyar las manos en las rodillas

POSICIÓN SENTADO ▷
Para meditar, el discípulo avanzado se sienta en la postura del Loto (véase p. 36). Al principiante le resultará mucho más fácil la cómoda postura de Piernas cruzadas (véase p. 59).

8 LA IMPORTANCIA DE UN MAESTRO

Para aprender yoga, tanto individualmente como en grupo, es mejor contar con la supervisión de un maestro bien preparado. Él le enseñará la manera de entrar y salir suavemente de las posturas y –lo más importante– a respirar correctamente mientras está en ellas. También cuidará de que no distienda los miembros y le ayudará a alinear el cuerpo en los asanas.

SUPERVICIÓN ADECUADA ▷
Además de ayudar a corregir y mejorar la técnica, el experto ayuda a cobrar confianza en nuestra capacidad de realizar los asanas.

9 QUÉ SE NECESITA

Para practicar yoga no se necesita ningún equipo especial. Se puede comprar una colchoneta de espuma de goma para yoga, pero basta con un toallón sobre el suelo alfombrado. Para practicar en interiores se requiere un espacio libre de muebles. El cuarto debe estar cómodamente calefaccionado y libre de distracciones o molestias.

LISTO PARA COMENZAR
Antes de iniciar una sesión de yoga, quítese las joyas, anteojos y lentes de contacto, si le resulta práctico.

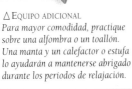

△ EQUIPO ADICIONAL
Para mayor comodidad, practique sobre una alfombra o un toallón. Una manta y un calefactor o estufa lo ayudarán a mantenerse abrigado durante los períodos de relajación.

△ CÓMO VESTIRSE
La ropa debe ser cómoda y brindar gran libertad de movimientos. Lo mejor es practicar el yoga descalzo, pero quienes sufren el frío pueden ponerse medias.

11

10 CUÁNDO Y DÓNDE PRACTICAR

Trate de practicar yoga todos los días, pero con suavidad. No se esfuerce. Toda sesión de yoga debe ser un gozo. Reserve un rato en que no haya interrupciones ni prisas. La práctica matinal ayuda a aflojar las articulaciones endurecidas después del sueño. La práctica nocturna alivia las tensiones del día. No practique el yoga en las dos horas siguientes a las comidas.

△ PRÁCTICA EN INTERIORES
Si practica en interiores, escoja un lugar apacible y amplio. Las clases de yoga ofrecen mutuo aliento y ayudan a desarrollar la energía grupal.

◁ PRÁCTICA EN EXTERIORES
El yoga equilibra la mente y el cuerpo, de modo que es conveniente buscar un lugar complementario. Lo perfecto es un ambiente natural bello, que ayude a serenar la mente.

11 CADA SESIÓN: ¿DURANTE CUÁNTO TIEMPO?

Para obtener el máximo beneficio conviene reservar unos 90 minutos. Si está ocupado, pruebe una sesión más breve, compuesta de menos asanas. Es muy importante no sentirse apremiado por el tiempo y permitirse una relajación entre postura y postura. Una posibilidad es dejar los ejercicios de respiración para más tarde.

12 Conozca las posibilidades de su cuerpo

Antes de iniciar los asanas es importante conocer las limitaciones de su cuerpo. Nunca lo obligue a una postura ni trate de llevarlo más allá de sus posibilidades. Recuerde que el yoga no es un deporte de competencia. El progreso puede ser lento, pero con el tiempo el cuerpo se torna flexible. Asuma con suavidad cada posición y, mientras esté en ella, examine el cuerpo para ver si siente un incremento de tensión en algún punto. En ese caso, haga un esfuerzo consciente por relajar esa tensión mediante la respiración.

13 Equilibrando ambos lados del cuerpo

Muchas de nuestras actividades cotidianas tienden a acentuar el uso de una sola parte o lado del cuerpo. Para alcanzar un equilibrio saludable y armonioso es importante mantener igualmente fuertes y flexibles todas las partes del cuerpo. Los ejercicios de yoga hacen que cada grupo de músculos trabaje por igual en los lados derecho e izquierdo del cuerpo, a fin de lograr el equilibrio.

Estire todo lo posible

Estire con la misma intensidad hacia el lado opuesto

ESTIRE HACIA UN LADO

EQUILIBRIO
Trabaje por igual ambos lados del cuerpo.

COMPENSE CON UNA EXTENSIÓN OPUESTA

TÉCNICAS DE RESPIRACIÓN

14 LA IMPORTANCIA DE UNA CORRECTA RESPIRACIÓN

La respiración da vida. Sin oxígeno, ninguna célula humana puede vivir más de unos pocos minutos. Muchas personas utilizan sólo una parte de su capacidad respiratoria, aspirando apenas un tercio del oxígeno que podrían aprovechar sus pulmones.

Esto conduce al estrés y a la fatiga. La disciplina respiratoria yóguica enseña a respirar por la nariz, a acentuar la exhalación antes bien que la inhalación, a fin de limpiar los pulmones y eliminar toxinas. Estas técnicas incrementan la salud física y mental.

15 CÓMO FUNCIONAN LOS PULMONES

En cada inhalación, el diafragma (situado debajo de los pulmones) se mueve hacia abajo. El aire que respiramos por la nariz desciende por la tráquea hasta los pulmones, protegidos por la caja torácica. Cuando la respiración es correcta, el abdomen y la caja torácica se expanden al inhalar. Al exhalar, el diafragma se mueve hacia arriba, comprimiendo los pulmones para empujar el aire hacia afuera. El aire vuelve a subir por la tráquea y sale por las fosas nasales.

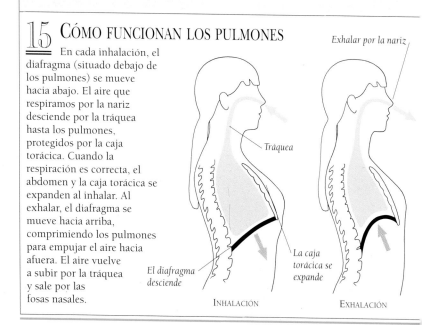

Exhalar por la nariz

Tráquea

El diafragma desciende

La caja torácica se expande

INHALACIÓN EXHALACIÓN

16 RESPIRACIÓN ABDOMINAL

Para aprender a respirar correctamente, tiéndase de espaldas con una mano sobre el abdomen. Inhale profundamente y perciba la elevación del mismo y su descenso al exhalar. Respirar lenta y profundamente lleva el aire a la parte más baja de los pulmones y hace trabajar el diafragma.

Piernas separadas, pies relajados

Una mano relajada al costado

Una mano descansa sobre el abdomen

INHALE

EXHALE

17 SENTARSE CORRECTAMENTE

Para los ejercicios de respiración 18 a 21, adopte esta postura. Siéntese con las piernas cruzadas, alineando la cabeza, el cuello y la columna vertebral. Mantenga los hombros rectos, pero relajados. Si usted es principiante, siéntese en un almohadón. Esto levanta las caderas, haciendo que resulte más fácil mantener la espalda erguida.

Piernas cómodamente cruzadas

18 RESPIRACIÓN YÓGUICA COMPLETA

Apoye una mano en la parte inferior de la caja torácica y otra en el abdomen. Aspire, tratando de llenar la parte inferior de los pulmones, luego la media, finalmente la alta. Sienta la expansión del pecho y el abdomen.

Con la mano en el abdomen, sienta cómo se expande y se contrae.

19 RESPIRACIÓN POR UNA SOLA FOSA

El objeto de practicar la respiración yóguica o "Pranayama" es aumentar la salud física y mental. Se pueden practicar los ejercicios de respiración por separado o integrarlos en el programa de asanas. Siéntese cómodamente con las piernas cruzadas, manteniendo rectos la columna y el cuello, pero sin tensión.

Con la cabeza erguida, cierre suavemente los ojos. Utilice los dedos de la mano derecha para tapar las fosas nasales, una por vez, poniéndolos en la posición llamada "Vishnu Mudra". Para esto, extienda el pulgar, el anular y el meñique de la mano derecha, doblando los otros dos dedos hacia la palma. Apoye la otra mano sobre la rodilla izquierda.

Posición Vishnu Mudra

Cuello recto

Piernas cruzadas

SIÉNTESE Y RESPIRE
Este ejercicio se realiza respirando por una fosa nasal por vez. La exhalación es más prolongada que la inhalación.

RESPIRE POR LA FOSA IZQUIERDA
Tape la fosa derecha con el pulgar e inhale por la izquierda, contando hasta cuatro. Exhale contando hasta ocho. Repita 10 veces.

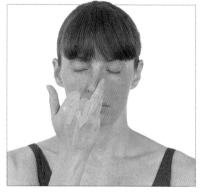

RESPIRE POR LA FOSA DERECHA
Tape la fosa izquierda con el anular y el meñique. Inhale por la fosa derecha contando hasta cuatro y exhale contando hasta ocho. Repita 10 veces.

20 RESPIRACIÓN POR FOSAS ALTERNADAS

Cuando pueda realizar con facilidad la técnica anterior, inicie esta otra, en la que se contiene la respiración mientras se cuenta hasta 16. La respiración por fosas alternadas tiene un efecto físico, pero el mayor beneficio es la serenidad y la lucidez mental que resulta de ella. Trate de ejecutar por lo menos 10 ciclos diarios para obtener mejores resultados.

1 Inhale por la fosa izquierda contando hasta cuatro.

2 Tape las fosas y contenga el aliento contando hasta 16.

3 Exhale por la fosa derecha contando hasta ocho.

4 Inhale por la fosa derecha contando hasta cuatro

5 Tape las fosas y retenga la respiración contando hasta 16.

6 Exhale por la fosa izquierda contando hasta ocho.

21 KAPALABHATI

Se cree que este ejercicio de respiración rápida purifica de un modo tan potente que la cara "refulge", literalmente, de buena salud. antes de iniciar el ejercicio, relájese aspirando hondo unas cuantas veces. Realice 25 "bombeos" rápidos en cada ciclo. Entre uno y otro, relájese respirando profundamente. Trate de hacer tres ciclos.

1 △ Expela bruscamente el aire de los pulmones contrayendo rápidamente los músculos del abdomen.

2 ▷ Relaje el abdomen, permitiendo que los pulmones se llenen de aire. No fuerce la inhalación

Respire por la nariz

Mueva sólo el abdomen

EJERCICIOS PRELIMINARES

22 EJERCICIOS DE OJOS

Estos ejercicios liberan cualquier posible acumulación de tensiones y facilitan la relajación. Durante la práctica, mantenga la cabeza quieta y mueva solamente los ojos.

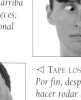

MUEVA LOS OJOS ▷
Con los ojos bien abiertos, mire a un lado y a otro 10 veces; luego, hacia arriba y hacia abajo, 10 veces; finalmente en diagonal otras 10 veces.

MIRE HACIA ▷
ADELANTE
Mire fijamente el pulgar; luego mire a la distancia. Descanse y repita.

◁ TAPE LOS OJOS
Por fin, después de hacer rodar los ojos en círculos en ambas direcciones, cúbralos con las palmas ahuecadas durante 30 segundos y descanse.

23 EJERCICIOS DE CUELLO

Para relajar los músculos del cuello, combine estos cuatro ejercicios. Siéntese con las piernas cruzadas y practique cada serie de ejercicios por lo menos tres veces.

ATRÁS Y ADELANTE
Deje caer la cabeza suavemente hacia atrás y luego llévela lentamente hacia adelante.

A LOS LADOS
Incline la cabeza hacia el hombro derecho, hacia el centro y hacia la izquierda.

GIRE LA CABEZA
Gire la cabeza para mirar sucesivamente por sobre un hombro y el otro.

EN CÍRCULOS
Mientras inhala, gire la cabeza hacia un lado; exhale girando en el sentido opuesto.

24 Propósito de la Salutación al Sol

La Salutación al Sol es un ejercicio de calentamiento compuesto de 12 partes. Agiliza el cuerpo y la mente como preparación para la siguiente sesión de yoga. Cada una de las 12 posiciones impone un movimiento vertebral diferente a la columna y está sintonizada con la inhalación o exhalación; de ese modo infunde una sensación de equilibrio y armonía. Las posiciones se encadenan sucesivamente, componiendo una ejecución elegante. Trate de hacer por lo menos seis secuencias al comenzar cada sesión.

SECUENCIA DE LA SALUTACIÓN AL SOL

Estiramiento de espalda · Postura de oración · Arquearse hacia atrás · Frente contra rodillas · Regreso al comienzo · Doblarse hacia adelante · Proyección hacia adelante · Pierna hacia atrás · La V invertida · Arquear el pecho · Pecho hasta el suelo · Pujar hacia arriba

CALENTAMIENTO PREVIO ESENCIAL
Practique la Salutación al Sol como comienzo de cada sesión de yoga. Sincronice la secuencia con la respiración.

25 POSTURA DE ORACIÓN

Comience de pie, erguido, con los pies juntos y los brazos a los lados. Aspire hondo; luego, mientras exhala, una las palmas a la altura del pecho.

POSICIÓN INICIAL

Pies juntos

26 ARQUEARSE HACIA ATRÁS

Inhale y estire los brazos hacia arriba, por encima de la cabeza. Arquee la espalda de modo que las caderas se proyecten hacia adelante y estírese hacia atrás tanto como le resulte cómodo.

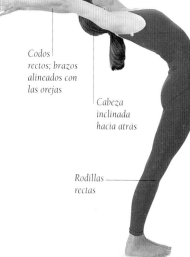

Codos rectos; brazos alineados con las orejas

Cabeza inclinada hacia atrás

Rodillas rectas

27 DOBLARSE HACIA ADELANTE

Mientras exhala, estírese hacia adelante y dóblese hacia la tercera posición de la Salutación al Sol. Lleve las manos hacia abajo, hasta el suelo, y apóyelas junto a los pies, con las palmas hacia abajo. Las caderas deben estar tan altas como sea posible. Si es necesario, flexione las rodillas para tocar el suelo. Lleve la frente hacia las rodillas.

Mantenga las caderas bien altas

Frente hacia adentro

Dedos de los pies y de las manos en línea recta

28 PIERNA HACIA ATRÁS

Mientras inhala, estire la pierna derecha hacia atrás tanto como pueda y flexione la rodilla derecha, bajándola hasta el suelo. Estire el cuello mirando hacia arriba. Las manos deben permanecer en la misma postura durante todo el movimiento.

Estire la cabeza hacia arriba

Manos a cada lado de los pies

29 ESTIRAMIENTO HACIA ARRIBA

Contenga la respiración. lleve el pie izquierdo hacia atrás, hasta juntarlo con el derecho. Mantenga la columna recta y no deje que desciendan la cabeza ni las caderas.

No baje ni levante las caderas

Mantenga los codos rectos

30 PECHO HASTA EL SUELO

Exhale. Baje las rodillas hasta el suelo y apoye el pecho entre las manos, sin doblar el cuello. Baje la frente hasta el suelo (en cambio, el principiante quizá necesite bajar el mentón).

Los pies se mantienen juntos

Las caderas no tocan el suelo

21

31 ARQUEAR EL PECHO

Mientras inhala, deslice el cuerpo hacia adelante y baje las caderas hasta el suelo. Arquee el pecho hacia adelante e incline la cabeza hacia atrás. Flexione levemente los codos hacia el cuerpo.

Puje hacia atrás y relaje los hombros

32 LA V INVERTIDA

Exhale, llevando los dedos de los pies hacia abajo, y levante las caderas para formar la V invertida. Mientras llega a la postura no debe mover las manos ni los pies.

Enderece los codos

Mantenga las manos planas

Cuide de mantener las rodillas rectas

33 PROYECCIÓN HACIA ADELANTE

Mientras inhala, lleve el pie derecho hacia adelante y sitúelo entre las manos, bajando la rodilla izquierda al suelo. Levante la cabeza y mire hacia arriba.

Cabeza levantada

Empeine contra el suelo

Dedos de las manos y los pies en línea recta

34 FRENTE CONTRA LAS RODILLAS

Mientras exhala, lleve el pie izquierdo hacia adelante y póngalo junto al derecho, de modo que la punta de los dedos de pies y manos formen una línea recta. Levante las caderas y estírelas hacia arriba, manteniendo las manos en la misma posición. Si no puede enderezar del todo las piernas, flexione algo las rodillas, pero mantenga las caderas proyectadas hacia arriba. Baje la cabeza tanto como pueda y acérquela a las rodillas todo lo posible.

Levante bien las caderas

Lleve la cabeza hacia adentro

Manos planas en el suelo

35 ESTIRAMIENTO HACIA ATRÁS

Inhale y luego incorpórese, estirando los brazos por encima de la cabeza mientras endereza el cuerpo. Estire los brazos hacia atrás, arquee el pecho y las caderas y mantenga los pies juntos.

Mantenga los brazos paralelos a las orejas

Pecho arqueado hacia adelante

ESTIRAMIENTO TOTAL
Con los brazos estirados por encima de la cabeza, arquee la espalda en una curva bien pronunciada.

Rodillas rectas

Pies juntos

36 REGRESO AL COMIENZO

Exhale y enderécese, bajando los brazos a los costados. Ahora aspire hondo y prepárese a iniciar otra secuencia de la Salutación al Sol.

Mantenga el cuerpo recto, pero relajado

EMPIECE OTRA VEZ
Comenzando nuevamente la secuencia desde 25, esta vez con la pierna izquierda hacia adentro en 28 y 33 (véanse pp. 21-22).

23

TENDIDO

37 ¿PARA QUÉ LA POSTURA DEL MUERTO?

La postura del Muerto se utiliza al comienzo de una sesión a fin de prepararse, mental y físicamente. También se practica entre una postura y otra para que la energía liberada fluya sin impedimentos y para expeler los productos residuales de los músculos. Manténgala durante cinco minutos al comienzo y al final de la sesión, y unos pocos minutos entre una postura y otra.

38 CÓMO HACERLA CORRECTAMENTE

Tiéndase de espaldas, con los talones separados unos 50 cm, por lo menos, y las punta de los pies hacia afuera. Los brazos deben formar un ángulo aproximado de 45° con el cuerpo; las manos, con las palmas hacia arriba. Cierre suavemente los ojos y permanezca quieto. Si tiene frío, cúbrase con una manta.

Relaje la punta de los pies

Dedos suavemente curvados

Piernas separada

39 FINALIDAD DEL LEVANTAMIENTO DE PIERNAS

Estos levantamientos fortalecen los músculos abdominales y lumbares. Como desarrollan la fuerza física, resulta más fácil ejecutar correctamente los asanas. Cuando los practique, mantenga la espalda presionada contra el suelo, con el cuello y los hombros relajados. Mantenga rectas las piernas levantadas; levántelas sólo hasta donde le resulte cómodo.

40 ALZAR UNA PIERNA

Comience levantando tres veces cada pierna. Sincronice cada movimiento con la respiración. Aumente el número de levantamientos a medida que el cuerpo se fortalezca.

Pies flexionados

Pierna tan recta como sea posible

1 ▽ Tiéndase de espaldas, con los pies juntos y las manos a los costados

2 ▽ Mientras inhala, levante la pierna izquierda y exhale mientras la baja. Repita con la otra.

41 ALZAR AMBAS PIERNAS

Este ejercicio requiere músculos lumbares y abdominales más fuertes que el levantamiento de una sola pierna. Emplee la respiración para ayudarse a controlar el movimiento.

1 ▷ Presione la espalda contra el piso. Inhale mientras levanta lentamente ambas piernas

Mantenga las rodillas rectas

Baje lentamente las piernas

No arquee la espalda

Brazos a los costados

2 ▷ Baje lentamente las piernas, exhalando. Mantenga las piernas tan rectas como pueda. Comience con cinco elevaciones y aumente hasta llegar a 10.

CICLO SOBRE LA CABEZA

42 FINALIDAD

Al invertir la posición del cuerpo y equilibrarse sobre los codos, brazos y cabeza, llega a las zonas superiores del cuerpo una abundante cantidad de sangre rica en oxígeno. Las elevaciones sobre la cabeza dan descanso al corazón, que habitualmente debe operar contra la gravedad. Esta postura se considera "el rey de los asanas" por los numerosos beneficios que brinda al cuerpo. Algunos la consideran una panacea para la mayor parte de las enfermedades humanas.

43 QUIÉNES NO DEBEN HACERLO

Si padece hipertensión, glaucoma o algún problema similar en la vista, no debe intentar el ciclo sobre la cabeza. Si no está familiarizada con esta postura, no la intente por primera vez durante el embarazo. Pero si está habituada a ella puede continuar hasta el cuarto mes.

44 POSTURA DEL NIÑO

Ésta es, simplemente, una postura de relajación que reconforta y relaja el cuerpo, preparándolo para la Elevación sobre la cabeza (*véase p. 28*). Siéntese sobre los talones. Apoye la frente en el suelo y las manos a los lados, con las palmas hacia arriba. Respire con suavidad y relájese.

Respire con suavidad

Relaje los hombros

45 EL DELFÍN

El Delfín fortalece brazos y hombros como preparación para la Elevación sobre la cabeza. Comience sentándose sobre los talones; sitúe con cuidado lo antebrazos y enderece las piernas. Lleve el cuerpo hacia arriba, de modo que el mentón quede delante de las manos; luego, hacia atrás.

1 Siéntese sobre los talones, con la punta de los pies apuntando hacia adelante, y envuelva cada codo con la mano opuesta. Lleve los codos hasta el suelo, debajo de los hombros. Suelte los codos y tómese las manos frente a usted. Ahora enderece las rodillas, levantando las caderas.

2 Manteniendo la cabeza separada del suelo, lleve la barbilla hacia delante de las manos, tanto como pueda, y luego proyecte el cuerpo hacia atrás. Repita 10 veces.

46 ELEVACIÓN SOBRE LA CABEZA

Si no se siente bastante seguro para encarar la elevación completa sobre la cabeza, siga practicando los pasos preliminares (1 a 6) a fin de preparar el cuerpo. Cuando pueda mantenerse en equilibrio durante 30 segundos, por lo menos, con las rodillas contra el pecho, estará listo para continuar.

Piernas y pies juntos

1 Desde la postura del Niño (*véase p. 26*), incorpórese sentándose sobre los talones. Envuelva cada codo con la mano opuesta.

2 Cuando los brazos estén a la altura de los hombros, tómese las manos.

3 Posicione los brazos de modo de formar un fuerte trípode. Baje la cabeza hasta tocar el suelo con la coronilla y cubra la nuca con las manos.

Mantenga las piernas rectas

Dé pequeños pasos hacia el cuerpo

4 Proyectando el peso hacia adelante, sobre antebrazos y codos antes bien que la cabeza, enderece las rodillas y levante el trasero y las caderas, hasta quedar apoyado en la punta de los pies.

5 Cuando esté listo, dé pequeños pasos acercando lentamente los pies a la cabeza, hasta que la espalda esté recta y las caderas directamente encima de la cabeza. No flexione las rodillas ni baje las caderas.

47 CÓMO SALIR DE LA POSICIÓN

Para abandonarla tan cuidadosamente como la inició, no debe agotarse manteniendo la postura demasiado tiempo. Cuando esté listo para descender, flexione lentamente las rodillas y bájelas hasta que los muslos estén paralelos al pecho. Estire las piernas hacia afuera y baje los pies, las rodillas y el cuerpo hacia el suelo. Terminará nuevamente en la postura del Niño *(véase p. 26)*. Descanse un minuto, por lo menos.

Piernas rectas hacia arriba

Pies paralelos al techo

Arquéese ligeramente hacia atrás, pero tensando los músculos abdominales

Peso sobre los codos y los antebrazos

6 Flexione las rodillas y llévelas hacia el pecho. Ésta es la Media elevación sobre la cabeza. Mantenga así 30 segundos antes de continuar.

7 Con las rodillas flexionadas, contraiga los músculos del vientre para elevar suavemente las caderas hasta que las rodillas apunten al techo.

8 Endurece las rodillas y lleve los pies hacia el techo. Aspire profundamente y trate de mantener 30 segundos la posición.

CICLO SOBRE LOS HOMBROS

48 FINALIDAD

El ciclo de elevación sobre los hombros fortalece los músculos, mejora la flexibilidad de la columna y equilibra la glándula tiroides. Esta glándula, localizada en el cuello, brinda energía, equilibra el metabolismo, controla el peso corporal, quita las toxinas de la sangre y produce un cutis radiante.

49 ELEVACIÓN SOBRE LOS HOMBROS

Esta postura extiende los músculos de la parte superior de la espalda. Antes de comenzar, estire los brazos por encima de la cabeza para asegurarse de tener amplio espacio hacia atrás.

Cuerpo recto y brazos a los lados

Pies juntos

1 △ Tiéndase de espaldas, con los brazos a los lados y las palmas hacia abajo. cuide de tener los pies juntos.

2 ▷ Manteniendo la espalda contra el suelo, inhale mientras levanta las piernas hasta formar un ángulo recto con el suelo.

Lleve las piernas juntas hacia arriba

Apunte los dedos hacia la columna

Mantenga los pies juntos

Piernas rectas

3 Ponga las manos en las nalgas, con los dedos apuntando hacia la columna. Mientras exhala, eleve el cuerpo caminando con las manos hacia la parte superior de la espalda, hasta quedar apoyado sobre los hombros.

4 Respirando normalmente, mantenga la postura unos 30 segundos, por lo menos. Para descender, exhale y baje los pies hacia atrás, cubriendo la mitad de la distancia hasta el suelo. Apoye las manos en el suelo, bajo la espalda; luego despliegue lentamente el cuerpo.

Sienta que el cuerpo se sostiene sobre la parte posterior del cuello

El mentón presiona contra el cuello

SOSTENGA LA ESPALDA
Apoye las manos planas contra la espalda, con los dedos apuntando hacia la columna.

31

50 EL ARADO

La Elevación sobre los hombros (véase p. 30) lleva al Arado, una postura en la que los pies tocan el suelo detrás de la cabeza, a fin de crear una poderosa flexión de la columna hacia adelante. El Arado incrementa la flexibilidad general, pero es particularmente efectiva para aliviar la tensión de los hombros y la parte alta de la espalda. Como en la Elevación sobre los hombros, el mentón descansa contra el cuello y masajea la tiroides.

Mantenga rectas las rodillas

Las piernas permanecen rectas

La punta de los pies toca el suelo

1 Mientras sostiene la espalda, inhale profundamente; luego, exhalando, baje las piernas.

2 Cuando toque el suelo con los pies, apoye los brazos en el suelo, con las palmas hacia abajo. Mantenga durante 30 segundos. Abandone lentamente la posición.

SALIDA
Si siente las piernas tensas mientras hace la Elevación sobre los hombros o el Arado, flexione las rodillas hasta que descansen sobre la frente. Sostenga la espalda y aspire profundamente. Entonces podrá continuar el ciclo.

Apoye las rodillas en la frente

ALIVIANDO LA TENSIÓN
Si al hacer el Arado no puede tocar el suelo con la punta de los pies, no deje de sostener su espalda con las manos, para evitar la distensión de los músculos de la misma.

51 EL PUENTE

El Puente es una flexión hacia atrás. Hágala después del Arado para proporcionar una extensión complementaria de las zonas torácica y lumbar.

1 Partiendo de la postura del Muerto (*véase p. 24*), flexione las rodillas y apoye por completo los pies en el suelo.

2 Apoye las manos en la espalda, con los dedos apuntando hacia la columna. Levante bien las caderas. Mantenga esta postura durante 30 segundos.

Pies bien apoyados

Cabeza y hombros apoyados en el suelo

52 EL PEZ

Desde la postura del Muerto (*véase p. 24*), acerque los brazos al cuerpo hasta que queden algo abajo. Incline la cabeza hacia atrás hasta apoyar la coronilla en el suelo. Inhale y arquee el pecho hacia arriba.

Mantenga durante 30 segundos

Piernas rectas

53 RELAJACIÓN EN LA POSTURA DEL MUERTO

Concluido el ciclo, descanse en la postura del Muerto (*véase p. 24*) hasta que su respiración sea lenta y el ritmo de su corazón llegue al nivel de reposo.

Repase mentalmente todo el cuerpo, por si experimentara tensión en alguna zona. Cuando se sienta dispuesto, prosiga con la sesión de yoga.

FLEXIONES HACIA ADELANTE

54 FINALIDAD

Pasamos de pie y erguidos gran parte del día; esto hace que la columna se comprima. La práctica regular de las flexiones hacia adelante ayuda a mantener elástica la columna, las articulaciones en movimiento, los órganos internos tonificados y vigorizado el sistema nervioso.

55 CABEZA CONTRA RODILLA

Para lograr esta postura es preciso relajar el cuerpo antes que obligarlo a adoptarla.

Brazos a lo largo de las orejas

Inclínese desde las caderas

1 ▷ Comience sentándose con las piernas rectas hacia adelante. Inhale y levante ambos brazos hasta que queden paralelos con las orejas. Enderece la columna. Inclínese hacia adelante desde las caderas, exhalando, siempre con la columna y las piernas rectas.

Mantenga la espalda lo más recta posible

Evite forzar la cabeza hacia abajo

2 ▽ Acerque el pecho a los muslos tanto como pueda. Mantenga durante 30 segundos, inhale, estírese hacia arriba y repita la postura dos o tres veces.

Rodillas rectas

Trate de asir los dedos de los pies

POSICIÓN CORRECTA DE LAS MANOS

56 FLEXIÓN DE UNA RODILLA

Pasamos tanto tiempo encorvados sobre un escritorio o el volante de un auto que los músculos de la espalda se nos acortan y debilitan. Este ejercicio estira los músculos de la espalda, facilitando el debido alineamiento de la columna.

1 Siéntese con las piernas rectas hacia adelante. Flexione la rodilla derecha y lleve el pie hacia el muslo izquierdo, hasta apoyar la planta contra él. Inhale y estire los dos brazos por encima de la cabeza.

Estire hacia arriba todo lo posible

Trate de mantener la espalda recta

2 Exhale y dóblese hacia adelante sobre la pierna recta, asiendo los dedos de los pies. Mantenga durante 30 segundos. Incorpórese, inhalando, y repita con la otra pierna.

57 PIERNAS SEPARADAS

Siéntese con las piernas bien abiertas. Inhale y levante los brazos por encima de la cabeza. Exhale y estírese hacia adelante, tratando de asir los dedos de ambos pies. Lleve la cabeza hacia el suelo.

Relaje el cuello y deje colgar la cabeza

Mantenga las piernas rectas

Sujete la punta del pie o del tobillo

58 LA MARIPOSA

Esta postura sentada remedia las malas posiciones estirando y fortaleciendo los músculos de las piernas y la espalda. Inicie la postura sentándose bien erguido y mirando hacia adelante.

No encorve los hombros

Empuje las rodillas hacia abajo con los codos

Sujete los pies con ambas manos

1 △ Flexione las rodillas hasta juntar las plantas de los pies.

2 △ Sosteniendo los pies con ambas manos, acérquelos más al cuerpo. Haga rebotar suavemente las rodillas contra el suelo.

3 ◁ Como variante avanzada, flexione los brazos y use los codos para empujar suavemente las rodillas hacia el suelo. Mantenga la espalda recta.

EL MEDIO LOTO ▷
Sentado, con las piernas cruzadas y la espalda recta, lleve un pie a descansar sobre la pantorrilla opuesta. Ponga debajo el otro pie.

Mantenga la espalda recta

Curve una mano dentro de la otra

EL LOTO ▷
Esta posición avanzada requiere apoyar el empeine de cada pie sobre el muslo opuesto.

59 EL PLANO INCLINADO

Inmediatamente después de una flexión hacia adelante, compense el movimiento estirando la columna hacia atrás en el Plano inclinado. Esta postura sirve también para fortalecer hombros, brazos y muñecas.

1 Siéntese en el suelo, con las piernas rectas, los pies flexionados y las manos bien apoyadas en el suelo detrás de usted. Deje caer la cabeza hacia atrás.

Cabeza atrás

Piernas juntas

Caderas bien levantadas

Mantenga las rodillas rectas

Junte los omóplatos

Pies bien apoyados en el suelo

2 Mientras inhala, levante las caderas. Mantenga la postura unos 10 segundos, con las rodillas rectas. Exhale, bajando las caderas y el trasero al suelo.

60 RELAJACIÓN SOBRE EL ABDOMEN

Para relajarse entre flexiones hacia atrás (*véase p. 38*), utilice esta variante de la postura del Muerto (*véase p. 24*). Tiéndase boca abajo y forme con las manos una almohada en la que apoyar la cabeza. Con los dedos gordos tocándose, deje que los talones y los tobillos se desvíen suavemente a cada lado. Respire profundamente.

Pies relajados

Piernas rectas

Cabeza descansando a un lado

FLEXIONES HACIA ATRÁS

61 LA COBRA

La Cobra es una posición boca abajo en la que se levanta el torso, curvándolo hacia arriba y hacia atrás como la serpiente. Al sostener la postura, los musculos profundos y superficiales de la región abdominal y la espalda se tonifican y fortalecen. Aumenta la flexibilidad hacia atrás de la columna dorsal y alivia la tensión, sobre todo en la región inferior de la espalda.

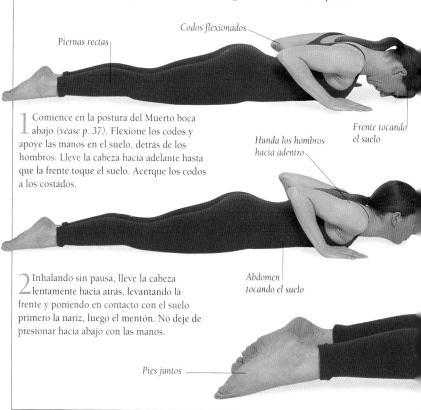

Piernas rectas

Codos flexionados

Frente tocando el suelo

1 Comience en la postura del Muerto boca abajo (*véase p. 37*). Flexione los codos y apoye las manos en el suelo, detrás de los hombros. Lleve la cabeza hacia adelante hasta que la frente toque el suelo. Acerque los codos a los costados.

Hunda los hombros hacia adentro

2 Inhalando sin pausa, lleve la cabeza lentamente hacia atrás, levantando la frente y poniendo en contacto con el suelo primero la nariz, luego el mentón. No deje de presionar hacia abajo con las manos.

Abdomen tocando el suelo

Pies juntos

3 Continúe inhalando sin pausa mientras presiona
lentamente hacia abajo con los brazos para
levantar la cabeza y el pecho, arqueándose hacia
atrás y separándose del suelo. Trate de presionar las
caderas y las piernas contra el suelo, levantando
sólo el torso.

Cúrvese hacia arriba y hacia atrás

Use los brazos para elevar el pecho

Piernas bien apoyadas en el suelo

4 Arquéese hacia atrás tanto como le
resulte cómodo, levantando el
pecho y el abdomen. Mantenga las
caderas en el suelo. Curve el cuello
hacia atrás y mire hacia arriba.
Mantenga la pose durante 10
segundos, respirando. Aspire
profundamente y, mientras exhala,
descienda con lentitud, extendiendo
primero la espalda y manteniendo la
cabeza hacia atrás para bajarla al final.
Repita tres veces.

Mire hacia arriba

Cuello estirado

Hombros relajados

Cúrvese hacia atrás tanto como pueda

Presione con las palmas hacia abajo durante toda la postura

62 LA LANGOSTA

Esta flexión hacia atrás aumenta la flexibilidad de la parte superior de la espalda y fortalece los músculos de la parte inferior. Mientras se mantiene la postura, el peso del cuerpo recae sobre el abdomen, lo cual estimula y masajea los órganos internos.

MANOS CERRADAS

UNA EN LA OTRA

Pies y piernas juntos

Codos hacia adentro

1 △ Tiéndase en el suelo boca abajo. Ponga los brazos a los lados; luego meta las manos bajo el cuerpo, cerradas o una dentro de la otra. Lleve el mentón hacia adelante, de modo que el cuello quede, en lo posible, apoyado contra el suelo.

Pierna izquierda sube lentamente

Caderas rectas

Pierna derecha bien apoyada

2 △ Mientras inhala, levante lentamente la pierna izquierda, cuidando de que la derecha permanezca bien apoyada en el suelo. Mantenga las dos piernas rectas y cuide de no girar las caderas. Mantenga la elevación durante 10 segundos, por lo menos. Exhalando, baje suavemente la pierna. Repita el ejercicio con la pierna derecha. Repita dos o tres veces con cada pierna.

Las manos presionan contra el suelo, prestando fuerte apoyo

Pies y piernas
juntos

Levante las piernas
tanto como sea cómodo

Rodillas
rectas

No fuerce
la espalda

3 △ Aspire profundamente tres veces; en la
tercera inhalación levante ambas piernas. Si
sólo puede alzarlas un poco, no se preocupe.
Respire mientras mantiene la posición. Baje las
piernas, exhalando. Repita dos veces.

4 ▽ Ésta es una posición avanzada, que puede
requerir mucha práctica. Aunque pueda
realizar esta postura, sólo debe
mantenerla mientras le resulte
cómodo.

Mentón hacia adelante
para facilitar la
extensión de la columna

41

63 EL ARCO

El Arco hace trabajar simultáneamente todas las partes de la espalda, incrementando la fuerza y la flexibilidad de la columna y las caderas. Mientras se mantiene la postura, los brazos están tensos, lo cual ayuda a estirar los músculos de cuello, piernas, brazos y hombros. Esta inclinación hacia atrás combina los beneficios de la Cobra (*véase p. 38*) y la Langosta (*véase p. 40*).

Sujete los tobillos

Rodillas flexionadas

1 Tiéndase boca abajo con la frente en el suelo. Flexione las rodillas y estire los brazos hacia atrás, hasta poder sujetarse los tobillos.

2 Inhale. Levante la cabeza, el pecho y las piernas, tratando de estirarlas. Mantenga la postura entre 10 y 30 segundos, respirando normalmente. Exhale mientras sale de la postura. Repita tres veces.

Sujete los tobillos, no los pies

Separe los muslos del suelo

Peso sobre el abdomen

64 EL CAMELLO

El Camello permite ejercitar los músculos de la espalda y extender la columna vertebral, flexionando la espalda por completo. Es muy útil para aumentar la flexibilidad de la columna y las caderas.

Nalgas sobre los talones

Inclínese hacia atrás con las manos en el suelo

1 Comience la postura sentándose sobre los talones. Mantenga las rodillas bien juntas y las pantorrillas paralelas.

2 Ponga los brazos detrás del cuerpo, con ambas palmas bien apoyadas en el suelo. Inclínese hacia atrás, de modo que el peso descanse sobre las manos.

Incline la cabeza tan atrás como pueda

3 Deje caer la cabeza hacia atrás. Levante las caderas y arquéelas hacia adelante; camine con las manos hacia usted para sujetarse los talones. Mantenga la espalda siempre arqueada.

Mantenga los brazos rectos

65 LA RUEDA

La Rueda puede parecer difícil, pero vale la pena trabajar lenta y sistemáticamente para lograrla, pues brinda gran fuerza y flexibilidad a los músculos de la columna y la espalda. Practique los pasos 1 y 2 (media Rueda) hasta que la postura le resulte fácil, antes de pasar a 3 y 4 (Rueda completa).

1 Tendida de espalda, flexione las rodillas y apoye los pies en el suelo, cerca de las nalgas. Sujete los tobillos.

2 Eleve las caderas tanto como pueda. Mantenga cabeza, hombros y pies en el suelo. Mantenga durante 20 segundos. Baje las caderas.

3 Apoye bien las manos en el suelo detrás de los hombros, con los dedos apuntando hacia los omóplatos.

4 Levante las caderas, arqueando la columna y dejando caer la cabeza hacia atrás. Sólo las manos y los pies deben permanecer plantados en el suelo. Trate de mantener la postura durante 30 segundos.

Trate de enderezar las rodillas tanto como pueda

Dedos apuntando hacia los pies

Camine con las manos hacia los pies

TORSIONES DE COLUMNA

66 PARA EMPEZAR

Después de las flexiones hacia adelante y hacia atrás (puntos 54 a 65), dé a la columna un giro lateral. Esto moviliza todas las vértebras, permitiendo que los elementos nutritivos lleguen a las raíces de los nervios espinales y al sistema nervioso simpático. Relájese en la postura del Niño, arrodillado con la frente en el suelo, antes de comenzar.

Pierna derecha flexionada sobre muslo izquierdo

Espalda recta

1 △ Siéntese con las piernas rectas. Doble la rodilla derecha, crúcela por encima del muslo izquierdo y apoye el pie derecho en el suelo, junto a la rodilla izquierda.

Mire por sobre el hombro derecho

2 △ Apoye la mano derecha detrás, con el brazo recto. Levante el izquierdo por encima de la cabeza.

3 ◁ Ponga la mano derecha en el suelo, detrás de usted, con el brazo recto. Rodee con el brazo izquierdo la rodilla derecha y sujete el tobillo derecho. Mantenga 30 segundos. Repita invirtiendo el lado.

67 TORSIÓN DE COLUMNA

La movilidad lateral suele ser la primera que perdemos cuando el cuerpo envejece. Esta postura estira la columna, ayudando a recuperar esta movilidad. A medida que se movilizan las vértebras, se tonifican las raíces de los nervios espinales y el sistema nervioso recibe un mayor flujo de sangre. Trabaje igualmente ambos lados del cuerpo para obtener el mayor beneficio de este ejercicio.

Hombros abajo y relajados

1 ▷ En preparación para la Torsión de columna, siéntese sobre los talones. Las rodillas y los pies deben estar juntos; el pecho apunta hacia adelante.

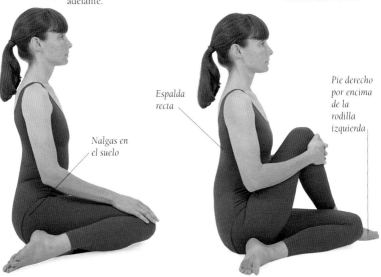

Espalda recta

Nalgas en el suelo

Pie derecho por encima de la rodilla izquierda

2 △ Traslade suavemente las nalgas hasta el suelo, llevándolas hacia la izquierda de las piernas. Mantenga la espalda recta y centrada sobre las nalgas.

3 △ Acerque la rodilla derecha al pecho y levántela suavemente por encima de la pierna izquierda; apoye el pie derecho en el suelo junto a la rodilla izquierda.

4 ▷ Manteniendo el cuerpo erguido y recto, gire el torso a la derecha y apoye la mano derecha en el suelo. Levante el brazo izquierdo y estírelo por encima de la cabeza.

Estire el brazo hacia arriba

Rodilla derecha flexionada

5 ▽ Gire el cuerpo hacia la derecha y mire por encima del hombro. Rodee la rodilla derecha con el brazo izquierdo, sujetando el tobillo derecho. Mantenga la postura durante 30 segundos. Repita invirtiendo lados.

Mire por encima del hombro derecho

Brazo izquierdo por fuera de la pierna derecha

Rodilla izquierda contra el suelo

POSTURAS DE EQUILIBRIO

68 EL ÁRBOL

Los ejercicios de equilibrio requieren una fuerte concentración. La clave para hacer el Árbol y otras posturas de equilibrio es concentrarse en un punto externo, como una marca en la pared, y mantener la atención fija en él. Con la práctica el equilibrio se consigue fácilmente.

Apunte con los dedos hacia el techo

Concéntrese en un punto hacia adelante

Mantenga la planta bien apoyada contra el muslo

Ponga el pie derecho contra el muslo izquierdo

Rodilla izquierda recta

1 De pie, bien erguido, mire un punto fijo a la altura de los ojos. Flexione la rodilla derecha y lleve el pie contra el muslo izquierdo.

2 Mantenga el equilibrio sobre el pie izquierdo. Levante los brazos por encima de la cabeza, uniendo las palmas. Respire profundamente para serenar la mente. Mantenga durante un minuto.

69 EL CUERVO

Las personas que trabajan con computadoras y máquinas de escribir suelen sufrir dolores y rigidez en muñecas y antebrazos. El Cuervo brinda alivio, pues fortifica esas zonas. También ayuda a mejorar la concentración y a desarrollar la tranquilidad mental.

Brazos entre las rodillas

Dedos bien separados

1 △ En cuclillas, con pies y rodillas separados, ponga los brazos entre las rodillas, con las manos bien apoyadas en el suelo, directamente debajo de los hombros.

2 △ Flexione los codos y llévelos hacia afuera. Apoye las rodillas contra los brazos. Lleve el cuerpo hacia adelante, percibiendo el peso en las muñecas.

Mantenga la cabeza levantada

Manos ligeramente vueltas hacia adentro

3 ▷ Levante lentamente un pie y luego el otro. Manténgase en equilibrio sobre las manos durante 10 segundos, por lo menos, aumentando gradualmente hasta llegar a un minuto. Para salir, baje los pies al suelo y sacuda las muñecas hacia afuera. Repita dos o tres veces.

ALMOHADÓN DE SEGURIDAD
Si tiene miedo de caer hacia adelante, ponga una almohada en el suelo, frente a usted.

70 EL PAVO REAL

Ejecutada correctamente, esta postura requiere fuerza, flexibilidad y concentración. Los codos presionan en la zona abdominal, llevando sangre fresca a la región y nutriendo los órganos internos.

Mantenga el torso recto y relajado

Acerque los codos al abdomen

1 Comience en posición arrodillada, sentado sobre los talones, con las puntas de los pies juntas y las rodillas bien separadas.

2 Ponga los brazos entre las piernas, juntando codos y antebrazos. Apoye bien las manos en el suelo, con las muñecas juntas y los dedos apuntando hacia atrás, hacia el cuerpo.

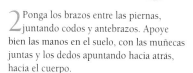

Frente contra el suelo

Deje que los pies se levanten

3 Flexione los codos contra el abdomen; luego deje que el peso del cuerpo descanse sobre los codos. Baje la frente al suelo.

4 Enderece lentamente las piernas, estirándolas una a la vez. A esta altura el peso deberá descansar sobre las manos, la punta de los pies y la frente.

Dedos apuntando hacia atrás

Mantenga la punta de los pies en el suelo

5 Levante poco a poco la cabeza, separándola del suelo, y lleve suavemente el peso hacia adelante, sobre las muñecas.

Mantenga los codos juntos

El cuerpo debe estar paralelo al suelo

Continúe con los codos unidos

Concentre la vista en un punto fijo

6 Con este movimiento, las piernas se levantarán sin esfuerzo. Trate de mantener esta postura durante 10 segundos, aumentando hasta llegar a 30.

51

POSTURAS DE PIE

71 MANOS A LOS PIES

Esta postura estira por completo la parte posterior del cuerpo. Es una posición sencilla, pero vigorizante, que moviliza las articulaciones y aporta mayor cantidad de sangre al cerebro. También ayuda a equilibrar y corregir asimetrías en el cuerpo.

Exhale al inclinarse hacia adelante

Las caderas no deben caer hacia atrás

Dóblese desde las caderas

Acerque la frente a las piernas

Mantenga las rodillas rectas

El peso está centrado, apoyado en la parte delantera del pie

1 De pie y erguido, con los pies juntos, inhale y estire los brazos por encima de la cabeza; manténgalos rectos. Exhale y comience a doblarse lentamente hacia adelante, manteniendo rectos brazos y piernas.

2 Dóblese hacia abajo. Tome las piernas por detrás y acerque la cabeza al máximo. Estire las caderas. Respire naturalmente. Mantenga durante 30 segundos, aumentando a medida que gane en experiencia.

72 EL TRIÁNGULO

El Triángulo da flexibilidad a caderas, hombros y piernas. Estira ambos lados del cuerpo y brinda una extensión lateral a la columna.

1 ▷ De pie, erguido, con los brazos a los lados y los pies separados a una distancia algo mayor que el ancho de los hombros.

Pies bien plantados en el suelo

Imagine que tira del brazo hacia arriba desde la cintura

2 ▷ Levante el brazo derecho y estírelo por encima de la cabeza, manteniendo la mano izquierda contra el muslo.

Cuide de no torcer el cuerpo

Alinee la cabeza con la columna

Mantenga las rodillas rectas en la postura

La mano izquierda se desliza hacia abajo por la pierna

3 Inclínese hacia el lado izquierdo, deslizando la mano izquierda a lo largo de la pierna. Mantenga el brazo derecho recto·junto a la cabeza, de modo que llegue a estar paralelo al suelo. Mantenga durante 30 segundos, aumentando con la experiencia hasta dos minutos. Inhale mientras se endereza. Repita inclinándose hacia el lado derecho.

73 CABEZA EN LAS RODILLAS

De pie, con los pies separados y las manos cruzadas a la espalda. Gire hacia la izquierda. Exhalando, baje la frente hasta la rodilla izquierda y levante los brazos, separándolos de la espalda. Mantenga por lo menos 30 segundos. Inhale al incorporarse, volviendo a la posición inicial. Repita girando hacia la derecha

Levante los brazos, apartándolos de la espalda tanto como pueda

Rodillas rectas

Conserve las manos unidas

Lleve la frente hacia la rodilla

Pies bien plantados en el suelo

74 INCLINACIÓN PROFUNDA

De pie, con los pies bien separados y las manos flojamente cruzadas detrás de la espalda. Gire el pie izquierdo hacia afuera y flexione la rodilla izquierda hasta quedar profundamente inclinado. Baje la cabeza hasta el suelo, junto a la cara interior del pie, y levante las manos tanto como pueda. Mantenga la postura durante 30 segundos. Repita inclinándose hacia el otro lado.

Dedos entrelazados

Rodilla recta

Frente contra el suelo

75 ESTIRAMIENTO HACIA ARRIBA

Comience con los pies bien separados. Gire el pie izquierdo hacia arriba y flexione la rodilla izquierda. Apoye la mano izquierda en el suelo, junto al arco del pie izquierdo. Lleve el brazo derecho hacia arriba, junto a la oreja derecha, y mantenga. Repita la postura hacia el otro lado.

El brazo forma una línea recta con el cuerpo y la pierna

No tuerza los hombros

Pierna recta y estirada

Mano bien apoyada en el suelo

76 TORSIÓN LATERAL

De pie, con los pies bien separados y los brazos extendidos hacia los lados, a la altura de los hombros. Gire hacia la izquierda y apoye la mano derecha en el suelo, junto a la cara exterior del pie izquierdo. Apunte con el brazo izquierdo bien hacia arriba; mire la mano levantada. Mantenga 30 segundos. Repita, pero rotando hacia la derecha.

Mire hacia arriba

Rodillas rectas

Hombros encima de la mano

RELAJACIÓN FINAL

77 LA IMPORTANCIA DE RELAJARSE

Relajarse después de los ejercicios es tal vez la parte más importante de la sesión de yoga. Además de dejar la mente serena y los músculos relajados, el descanso final permite que el cuerpo absorba la energía liberada por las asanas y obtener de ellas el máximo beneficio

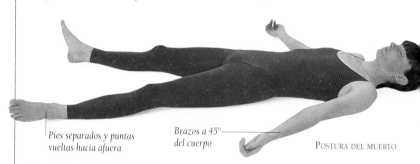

Pies separados y puntas vueltas hacia afuera

Brazos a 45° del cuerpo

POSTURA DEL MUERTO

78 RELAJACIÓN MENTAL

La relajación consciente es un ejercicio más mental que físico. Requiere enviar mensajes mentales a cada parte del cuerpo, ordenando a los músculos que se tensen para luego relajarse, mientras se respira suave y lentamente. Cuando todos los músculos estén relajados, también la mente se sentirá en calma. Cuando se alcanza una sensación de paz interior se puede entrar en esa paz y tornarse uno con ella.

79 ¿CUÁNTO TIEMPO?

La relajación final se basa en la postura del Muerto (*véase p. 24*), que también debe ser adoptada antes de iniciar la sesión de yoga y después de cada asana. Cuando se haya completado una sesión, conviene relajarse descansando en esta postura durante cinco minutos, por lo menos.

80 RELAJACIÓN PASO A PASO

Tiéndase de espaldas en la postura del
Muerto (*véase p. 24*). Tense y relaje sucesivamente
los diversos músculos del cuerpo siguiendo los pasos
mostrados. Luego, sin mover un músculo, relaje
mentalmente el cuerpo. Comience por concentrarse
en la punta de los pies; luego lleve la relajación hacia
arriba, por los pies, las piernas y todas las partes del
cuerpo, incluyendo mandíbula, garganta, lengua y
cara. Finalmente relaje la mente.

1 Levante sucesivamente
cada pierna a unos 5 cm
del suelo. Tense los músculos
y luego "suelte", dejando
caer el pie.

PUÑOS APRETADOS   DEDOS ESTIRADOS

2 Levante un brazo, apretando el
puño, y deje que los dedos se abran.
Luego estírelos, separándolos bien, y
deje caer la mano al suelo. Repita el
ejercicio con la otra mano.

3 Separe las nalgas del suelo, tense los
músculos y luego relaje, dejándose caer al
suelo. Después separe del suelo la espalda y el
torso, tense y relaje.

*Levante y tense
las nalgas*

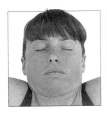 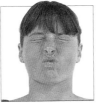  

ENCOJA LOS HOMBROS
*Levante los hombros,
tense los músculos del
cuello y relaje.*

MÚSCULOS FACIALES
*Tense los músculos de
cara, boca y ojos; luego
relaje.*

ESTIRAMIENTO DE CARA
*Abra bien los ojos y la
boca, sacando la
lengua.*

GIRO DE CUELLO
*Gire la cabeza dos veces
a un lado y a otro, y
vuelva al centro.*

MEDITACIÓN

81 ¿POR QUÉ MEDITAR?

La meditación es benéfica para todos, sobre todo para quienes llevan una vida frenética y tensa. En la meditación, la mente demasiado activa se tranquiliza y se vuelve hacia adentro. Esto recarga las baterías, aumenta la resistencia física y la fortaleza espiritual y mejora la concentración. La regularidad en la meditación produce una mente clara y una sensación de gran paz interior.

82 ¿QUÉ ES LA MEDITACIÓN?

Para entender qué es la verdadera meditación, pensemos en un lago. Cuando la superficie del lago está serena es posible ver el fondo con claridad. Cuando la superficie está agitada resulta imposible. Lo mismo vale para la mente. Cuando está serena es posible ver y experimentar la calma interior.

83 CÓMO Y CUÁNDO MEDITAR

Si se medita en interiores, conviene escoger un espacio abrigado, despejado y libre de distracciones ruidosas. En el exterior, escoja un lugar donde se sienta seguro y relajado y donde haya poca actividad distractiva. Se puede practicar la meditación a cualquier hora del día o de la noche, pero conviene establecer una rutina diaria para que sea más fácil adiestrar la mente.

MEDITACIÓN AL AIRE LIBRE ▷
Practicar en un bello sitio natural facilita la relajación y prepara el cuerpo para el apacible estado de la meditación.

84 UNA CÓMODA POSICIÓN

Es muy importante sentarse con comodidad para poder meditar correctamente y sin distracciones. Siéntese con las piernas cruzadas y la espalda erguida. Los hombros deben estar rectos pero relajados. Esta posición resulta fácil para los niños, pero los adultos pueden necesitar un poco de ayuda. Ponga un almohadón bajo las nalgas para aliviar cualquier tensión en la parte inferior de la espalda. Los estudiantes de yoga avanzados pueden adoptar la postura del Loto (*véase p. 36*) durante la meditación.

PIERNAS CRUZADAS
Los niños adoptan esta cómoda posición con toda naturalidad.

Brazos relajados

Las piernas deben estar cómodas

85 POSICIONES DE LAS MANOS

Todas las posiciones que siguen son adecuadas para la meditación. Trate de poner las manos del modo más cómodo posible. Esto le permitirá estar relajado mientras medita. Apoyarlas en las rodillas o en el regazo también ayuda a mantener la espalda recta y los hombros erguidos.

UNA MANO EN LA OTRA
Ponga una mano sobre la otra, con las palmas hacia arriba, y apóyelas en el regazo.

MANOS CRUZADAS
Cruce suavemente las manos entrelazando los dedos y apóyelas en el regazo.

CHIN MUDRA
Forme un círculo con el pulgar y el índice. Apoye las manos en las rodillas.

MEDITACIÓN

86 REGULAR LA RESPIRACIÓN

La respiración es decisiva en la meditación y la concentración. Comience con cinco minutos de respiración abdominal profunda, para proporcionar abundante oxígeno al cerebro. Luego respire con más lentitud, siempre rítmicamente, inhalando tres segundos para exhalar luego otros tres.

87 EJERCICIO DE CONCENTRACIÓN: TRATAK

Para iniciar este ejercicio de concentración, potente en su sencillez, ponga una vela encendida en una mesa baja. Siéntese con las piernas cruzadas a un metro de ella, poco más o menos. Mire fijamente la llama durante un minuto, tratando de no parpadear. Luego cierre los ojos y visualice la llama en un punto entre sus cejas. Trate de concentrar la mente en esta imagen durante un minuto, por lo menos. Repita entre tres y cinco veces, incrementando el tiempo de visualización hasta tres minutos.

PRACTICANDO TRATAK

EL SÍMBOLO OM

88 CONCENTRACIÓN EN UN PUNTO

Mientras se medita es posible concentrarse en uno de los chakras del cuerpo (centros de energía espiritual), tal como el Anja Chakra, entre las cejas, o el Anahata Chakra, cerca del corazón. Repita un mantra personal o el mantra OM cada vez que inhale y cada vez que exhale.

89 SI LA MENTE VAGABUNDEA...

Al principio, los pensamientos tienden a saltar de un lado a otro. No se esfuerce en tener la mente quieta; esto pondrá en movimiento nuevas ondas cerebrales, estorbando la meditación.

Déjela vagar y luego ordénele suavemente que se calme. Concentre su energía y su atención hacia adentro enfocándola en una imagen mental optimista.

ERRADICAR MALOS HÁBITOS

90 DEJE DE FUMAR

La filosofía yóguica identifica dos categorías de alimentos impuros; los rajásicos (demasiado estimulantes) y los tamásicos (pasados o podridos). El tabaco pertenece a ambas. Cuando se deja de fumar se eliminan toxinas del cuerpo y es más fácil lograr una mente y un cuerpo serenos.

EL TABACO ES UN ESTIMULANTE VENENOSO

91 EVITE LA CAFEÍNA

La cafeína es considerada rajásica, puesto que es un estimulante poderoso. Activa demasiado la mente y da al cuerpo una energía artificial. También puede alterar el ritmo natural del sueño, impidiendo el relajamiento. Si elimina el té y el café de su dieta descubrirá que la meditación se torna más fácil.

EL TÉ Y EL CAFÉ TIENEN CAFEÍNA

92 ELIMINE EL ALCOHOL

El alcohol contiene productos fermentados que introducen toxinas en el cuerpo y excita demasiado la mente. Por lo tanto, es tamásico y rajásico al mismo tiempo. Eliminar el alcohol de la dieta mejora la claridad mental y el bienestar físico.

LA DIETA YÓGUICA EXCLUYE EL ALCOHOL

93 CAMBIE DE DIETA

Según la filosofía yóguica, la dieta afecta mucho más que el bienestar físico. La energía vital, la capacidad mental y la salud emocional sufren la influencia de lo que comemos. La práctica de la meditación, las posturas y los ejercicios de respiración están destinados a armonizar la mente y el cuerpo. Comer lo adecuado es importante para alcanzar esa meta. Las comidas que nos benefician son las sátvicas o puras. Los alimentos impuros, que pueden alterar nuestro equilibrio físico, emocional o intelectual son los incluidos en las categorías tamásica (pasados o podridos) y rajásica (estimulantes). Ambos tipos deben ser evitados.

Evite los alimentos tamásicos
Los alimentos rancios, insípidos, no maduros, demasiado maduros o podridos son tamásicos. Contaminan el cuerpo, agotan energías y embotan el intelecto. Entre los alimentos tamásicos se incluyen: carne y pescado, hongos y todos los alimentos que han sido congelados, conservados, enlatados, demasiado cocidos o recalentados. Los alimentos fermentados, como el vinagre, son tamásicos, al igual que todas las drogas y el alcohol. Comer en exceso también se considera tamásico.

Evite los alimentos rajásicos
Cebollas y ajo, tabaco, huevos, café, té, ajíes picantes y otras especias fuertes, así como todo lo agrio, ácido o amargo, son rajásicos. El chocolate, el azúcar blanco, la harina blanca y casi todos los alimentos comercialmente preparados son rajásicos en menor grado. Todas estas sustancias excitan las pasiones y sobreestimulan la mente, tornándola difícil de dominar. Comer demasiado aprisa y combinar demasiados alimentos también es rajásico.

CEBOLLAS

CHAMPIÑONES

ALIMENTOS QUE PERJUDICA...
Todo el que aspire a ser discípulo de yoga necesita una dieta que le permita obtener el máximo beneficio de los asanas y ejercicios de meditación. Todos estos alimentos están incluidos en las categorías tamásica y rajásica; por lo tanto, para mantener el cuerpo sano y l... mente equilibrada es precis... evitarlos.

AJÍES PICANTES

AJO

HUEVOS

ESPECIAS

scoja productos sátvicos

os alimentos sátvicos constituyen la
ieta ideal, ya que son nutritivos y
ciles de digerir. Crean más energía y una
ente clara y serena, lo cual nos permite
provechar toda nuestra capacidad mental,
sica y espiritual. Entre los productos sátvicos
guran los cereales, la fruta y las verduras frescas,
s jugos naturales de fruta, la leche, la manteca,
s legumbres, la miel y el agua pura.

PRODUCTOS LÁCTEOS

FRUTA FRESCA

VEGETALES FRESCOS

LEGUMBRES, FRUTAS SECAS Y CEREALES

PROGRAMAS ESPECIALES

PROGRAMAS ESPECIALES

94 MEJORANDO LA CONCENTRACIÓN

La mente tiende a vagabundear constantemente. Esta dificultad para concentrarse reduce la eficiencia. El trabajo, el estudio y hasta las actividades recreativas se realizan mucho mejor con una concentración plena. El estudiante que sepa concentrarse obtendrá mejores notas. La mente centrada mejora el juego del golfista. Practicando unos sencillos ejercicios de yoga se mejora la concentración.

△ EL ÁRBOL
Entre las posturas que exigen concentración y ayudan a mejorarlos figura el Árbol (véase p. 48). Concéntrese en un punto delante de usted. Entonces atraiga mentalmente ese punto hasta instalarlo entre las cejas.

◁ RECREACIÓN CONCENTRADA
La eficacia y el placer de una actividad se acentúan cuando es encarada con una mente serena y concentrada. Hasta una simple tarea en el jardín se puede convertir en una meditación.

95 MANEJO DEL ESTRÉS

Además de aumentar la flexibilidad, el programa de
posturas que figura más abajo aliviará el estrés al liberar las
tensiones acumuladas en el cuerpo. Los ejercicios de meditación y
respiración también se pueden utilizar como potentes
herramientas para manejar el estrés, dado que ambos relajan el
cuerpo y calman la mente. Comer según una dieta vegetariana, no
fumar y evitar los estimulantes son cosas que ayudan a aumentar
la tranquilidad mental.

LA
COBRA

CABEZA CONTRA RODILLAS

Postura	¿Cuánto tiempo?
1. Elevación sobre la cabeza	1 minuto
2. Elevación sobre los hombros	3 minutos
3. El Arado	1-2 minutos
4. El Puente	½-1 minuto
5. El Pez	1½ minuto
6. Flexión hacia adelante	30 segundos x 3
7. La Cobra	30 segundos x 3
8. La Langosta	30 segundos x 2
9. El Arco	30 segundos x 3
10. Torsión de columna	½-1 minuto a cada lado
11. Cabeza contra rodillas	1 minuto
12. El Triángulo	30 segundos a cada lado

96 SUPERAR EL INSOMNIO

Si se practica el yoga con
regularidad, la mente y el cuerpo
comienzan gradualmente a
desarrollar patrones de conducta más
relajados. Las posturas del yoga
reeducan los músculos y les enseñan
a relajarse.

Trate de dedicar por lo menos 30
minutos diarios a la práctica. La
regularidad es de suma importancia;

cada sesión debe comenzar con cinco
minutos de relajación, por lo menos,
y terminar con otros cinco minutos.
No deje de relajarse entre una y otra
postura. Si le cuesta conciliar el
sueño por la noche, pruebe a repetir
el proceso de relajación final (*véase
p. 56*) ordenando mentalmente a
cada parte del cuerpo que se tense
para luego relajarse por completo.

97 DURANTE EL EMBARAZO

El período prenatal, en que la mente y el cuerpo están dedicados a la creación de una nueva vida, puede ser una experiencia de aprendizaje rara y valiosa. El yoga suele ayudar a un embarazo y un parto más fáciles y sanos. Las posturas, practicadas con lentitud y suavidad, relajan y fortifican el cuerpo, facilitando la adaptación a muchos de los cambios físicos pasajeros. Los ejercicios de respiración ayudan a aprovechar a fondo el aliento.

Mantenga la cabeza erguida

LA MARIPOSA ▷
Esta postura sentada relaja las piernas y ayuda a abrir las caderas, facilitando el parto.

Haga rebotar suavemente las rodillas contra el suelo

Mantenga la cabeza en alto

Levante la pierna sin torcer las caderas

Palmas juntas, codos rectos

Proyecte el pecho hacia adelante

△ EL GATO
Una alternativa cómoda de la Langosta. Ayuda a fortalecer los músculos de la parte baja de la espalda.

LA LUNA CRECIENTE ▷
Levante los brazos por encima de la cabeza y arquee la espalda; este efectivo ejercicio también extiende las caderas.

sÆ´_

98 EVITAR DURANTE EL EMBARAZO

- No practique el Arco.
- No intente la Langosta.
- La Elevación de hombros y el Arado sólo deben ser realizados si resultan cómodos.
- No practique la Cobra (ni la séptima postura de la Salutación al Sol).

- No practique el Pavo real.
- No haga por primera vez la Elevación de hombros. Si está habituada a hacerla, puede continuar hasta que resulte incómoda (alrededor del cuarto mes).

99 DESPUÉS DEL NACIMIENTO

Después del embarazo, el yoga puede ayudar a que el cuerpo retome su anterior estado físico lo antes posible. Se puede comenzar a hacer las posturas y los ejercicios de respiración (o retomarlos) tan pronto como se quiera. No se exija innecesariamente, pero trate de practicar con regularidad. El yoga se puede practicar a cualquier hora del día (siempre que no sea en las dos horas siguientes a las comidas), de modo que es fácil acomodar nuevos horarios

Cruce las manos a la espalda

LA COBRA MODIFICADA ▷
Esta postura rinde muchos de los beneficios de la Cobra, sin presionar el abdomen

ELEVACIÓN DE UNA PIERNA ▷
Fortalece la zona lumbar, ayudando al cuerpo a recobrarse pronto del parto.

EL PEZ ▷
Esta postura ayuda a aliviar las tensiones de la parte superior de la espalda y el pecho.

Mantenga los pies juntos, pero relajados

100 YOGA A CUALQUIER EDAD

El yoga es adecuado para todos, jóvenes o ancianos, y para todos los estados físicos. A diferencia de muchas actividades deportivas, no es competitivo, de modo que cada uno puede practicarlo a su propio ritmo. Dado que se hace con mucha lentitud, no hay riesgo de lesionarse, siempre que se lo haga correctamente. El yoga ayuda, a cualquier edad, a mantener la buena salud y la flexibilidad. Facilita la digestión, estimula la circulación y disminuye los efectos de la artritis. Comenzado en la adolescencia, ayuda a que las personas mantengan su flexibilidad juvenil durante toda la vida adulta, y sus suaves movimientos son ideales para la gente mayor.

Mantenga los hombros paralelos al suelo

Mantenga una pierna recta

MEDIA TORSIÓN DE COLUMNA △
Esta versión simplificada, con una pierna recta, ayuda a mantener la movilidad lateral.

Meta los brazos bajo los muslos

LA TORTUGA △
Esta posición avanzada ayuda a mantener la flexibilidad.

FLEXIÓN HACIA ADELANTE ▽
Tomando la punta de ambos pies, baje suavemente el pecho hacia el suelo.

101 YOGA CON NIÑOS

El yoga ofrece a los niños la posibilidad de desarrollar la conciencia, el autodominio y la concentración. Cuando los niños ven practicar las posturas, su curiosidad natural y la afición a la mímica los llevan a imitar.

Invítelos a participar de su rutina diaria. Probablemente descubra que, pese a su gran flexibilidad, les falta control. Sin embargo, si se los alienta a practicar con regularidad, el dominio mental mejora mucho.

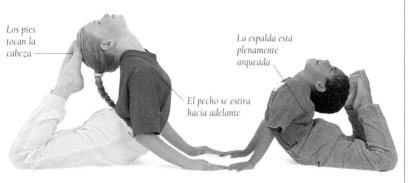

Los pies tocan la cabeza —

El pecho se estira hacia adelante

La espalda está plenamente arqueada

LA COBRA COMPLETA △
Esta postura demuestra la agilidad natural de los cuerpos muy jóvenes. Mediante la práctica regular, el yoga ayuda a los niños a desarrollar tanto el autodominio mental y físico como la conciencia.

EL LEÓN ▷
El yoga puede ser divertido tanto para niños como para adultos. Es una experiencia saludable y alegre para compartir. Tal vez sea posible reservar tiempo para sesiones familiares de yoga al atardecer o durante el fin de semana, cuando no hay prisa.

ÍNDICE TEMÁTICO

AGRADECIMIENTOS

Dorling Kindersley quiere agradecer a Rachel Leach, Jenny Rayner y Katie Bradshaw por la investigación fotográfica; a Ann Kay por la corrección de pruebas; a Hilary Bird por la compilación del índice temático; a Murdo Culver por la asistencia en el diseño; a Swami Saradananda y Ganapathi, del Sivananda Yoga Vedanta Centre, 51 Felsham Road, Londres SW15 1AZ, por su ayuda y asesoramiento en todo el proyecto; a Chandra, del Sivananda Ashram Yoga Camp Headquarters de Quebec, por su ayuda con las tomas fotográficas; a Amba, Shaun Mould, Natalie Leucks, Adrienne Pratt, Satya Miller, Uma Miller, Shambhavi, Annosha Reddy, Ishwara Proulx, Chandra y Fred Marks por haber posado como modelos.

Fotografías
Andy Crawford y Jane Stockman, con la ayuda de Paul Ricknerll, Philip Dowall, Alan Duns, Anthony Johnson, Dave King, David Murray, Steven Oliver, Roger Philips y Clive Streeter.

Ilustraciones
Simone End, Elaine Hewson y Janos Marffy.